Eckhart Tolle

JA zum gegenwärtigen Augenblick

Indem du die „Istheit“ aller Dinge zulässt,
enthüllt sich dir eine tiefere Dimension,
eine anhaltende Gegenwärtigkeit,
eine unveränderliche tiefe Stille,
eine Freude ohne Ursache jenseits von Gut oder Böse.
Das ist die Freude des Seins, der Friede Gottes.

Gegenwärtig sein löscht Zeit aus,
und ohne Zeit kann Leiden,
kann Negativität nicht überleben.

Erleuchtung bewusst zu wählen bedeutet,
deine Anhaftung an Vergangenheit
und Zukunft aufzugeben
und das Jetzt zum Mittelpunkt
deines Lebens zu machen.

Erleuchtung bedeutet die Entscheidung,
eher im Zustand der Gegenwart
als in der Zeit zu verweilen. Es bedeutet,
Ja zu sagen zu dem, was *ist*.

Wenn du der Stimme in deinem Kopf zuhörst,
tue das vorurteilslos. Das bedeutet, urteile nicht.
Du wirst bald erkennen: Da ist die Stimme und hier bin ich,
ich höre ihr zu, beobachte sie.
Dieses Erkennen von *Ich bin*,
dieses Gefühl deiner eigenen Gegenwärtigkeit
ist kein Gedanke.
Es ist jenseits von Denken.

Bleibe gegenwärtig

und beobachte weiter, was in dir vorgeht.

Werde dir nicht nur der emotionalen Schmerzen bewusst,

sondern auch „dessen, der zuschaut“,

des stillen Beobachters.

Das ist die Kraft des Jetzt,

die Kraft deiner eigenen bewussten Gegenwärtigkeit.

Dann sieh, was geschieht.

Benutze deine Sinne.

Sei völlig da, wo du bist.

Schau dich um – schau nur, interpretiere nicht.

Sieh das Licht, sieh Konturen, Farben, Materialien.

Sei dir der stillen Gegenwart

aller Dinge bewusst.

Mache es dir zur Gewohnheit,
deinen geistig-emotionalen Zustand
durch Selbstbeobachtung zu überwachen.
„Bin ich in diesem Moment entspannt?"
ist eine gute Frage,
die du dir selbst gelegentlich stellen solltest.
Oder du kannst fragen:
„Was geht jetzt gerade in mir vor?"

Richte deine Aufmerksamkeit nach innen.
Schau in dich selbst hinein.
Was für Gedanken produziert dein Verstand gerade?
Was fühlst du? Richte deine Aufmerksamkeit
auf das Innere deines Körpers.
Sind da irgendwelche Spannungen?
Sobald du entdeckst, dass da ein gewisses Unbehagen ist,
das Hintergrundrauschen, dann schau dir an,
wie du das Leben gerade vermeidest,
ihm widerstehst oder es verneinst –
indem du das Jetzt verneinst.

Wann immer du bemerkst,
dass irgendeine Art von Negativität
in dir hochsteigt, betrachte es nicht als Versagen,
sondern als hilfreiches Signal, welches dir sagt:
„Wach auf. Komm aus deinem Verstand heraus.
Sei gegenwärtig."

Wo immer du bist, sei total gegenwärtig.
Wenn du dein Hier und Jetzt unerträglich findest
und es dich unglücklich macht, gibt es drei Möglichkeiten:
Verlasse die Situation, verändere sie
oder akzeptiere sie ganz.
Wenn du Verantwortung für dein Leben übernehmen willst,
dann musst du eine dieser drei Möglichkeiten wählen,
und du musst die Wahl *jetzt* treffen.
Dann akzeptiere die Konsequenzen.

Beobachte, wie der Verstand
einen unangenehmen Moment bewertet
und wie dieser Bewertungsprozess,
dieses fortgesetzte Beurteilen,
Schmerz und Unglücklichsein erschafft.

Wenn du aufhörst,
zwanghaft vom Jetzt wegzustreben,
dann ergießt sich die Freude des Seins
in alles hinein, was du tust.
Sobald deine Aufmerksamkeit sich dem Jetzt zuwendet,
fühlst du Präsenz, Stille und Frieden.

Der Schlüssel ist,
im Zustand andauernder Verbundenheit
mit deinem inneren Körper zu sein – ihn immer zu fühlen.
Das wird dein Leben schnell vertiefen und verändern.
Je mehr Bewusstsein du auf deinen inneren Körper richtest,
desto höher wird seine Vibrationsfrequenz.

Sobald dein Urteilen ein Ende findet,
weil du das, was *ist*, annimmst,
bist du vom Verstand befreit.

Das Wunder der Transformation
geschieht nicht nur im Innen,
sondern auch im Außen, wenn wir vergeben.
Und Vergebung bedeutet im Wesentlichen,
dass die Vergangenheit als unreal
und substanzlos erkannt
und dass der gegenwärtige Moment,
so wie er ist, zugelassen wird.

Die gute Nachricht ist,
dass du dich von deinem Verstand befreien kannst.
Das ist die einzig wahre Befreiung.
Du kannst gleich jetzt den ersten Schritt darauf hin tun.
Fange also an, so oft du kannst,
auf die Stimme in deinem Kopf zu hören.

Sage immer Ja zum gegenwärtigen Moment.
Gib dich dem hin was *ist*.
Sage Ja zum Leben – und schau,
wie das Leben plötzlich beginnt,
für dich zu arbeiten anstatt *gegen* dich.

Sei dir des Raumes bewusst,
der es allem ermöglicht, hier zu sein.
Höre die Geräusche, beurteile sie nicht.
Höre die Stille, die die Geräusche umgibt.
Berühre etwas – irgendetwas –
und fühle und bestätige sein Dasein.

Gib das Warten als Gemütsverfassung auf.
Wenn du dich dabei erwischst,
wieder ins Warten zu rutschen – genug damit!
Komm in den jetzigen Moment.
Sei einfach gegenwärtig und genieße es.
Wenn du gegenwärtig bist, ist es nicht nötig,
auf irgendetwas zu warten.
Der unaufhörliche Lärm des Denkens
hindert dich daran, den Raum innerer Stille zu finden,
der vom Sein untrennbar ist.

Den „Denker beobachten“ ist eine andere Art zu sagen:
Höre die Stimme in deinem Kopf,
sei da als beobachtende Gegenwart.

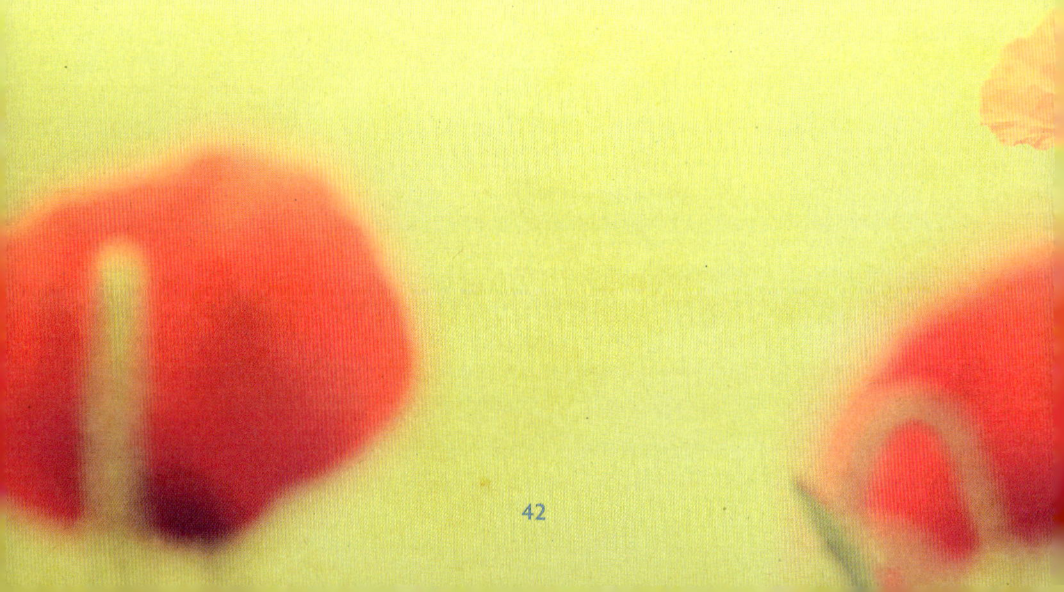

Wenn du einem Gedanken lauschst,
dann bist du dir nicht nur des Gedankens bewusst,
sondern auch deiner selbst als Zeuge des Gedankens.
Eine neue Dimension
von Bewusstheit ist entstanden.

Während du dem Gedanken lauschst,
fühlst du eine bewusste Gegenwärtigkeit –
– dein tieferes Selbst –
sozusagen hinter oder unter dem Gedanken.
Das ist der Anfang vom Ende des unbeabsichtigten
und zwanghaften Denkens.

Denken ist nur ein kleiner Aspekt von Bewusstsein.
Gedanken können ohne Bewusstsein nicht existieren,
aber Bewusstsein benötigt keine Gedanken.

Anstatt „den Denker" zu beobachten

kannst du genauso gut eine Unterbrechung im Strom

der Gedanken schaffen,

indem du deine Aufmerksamkeit

vollkommen auf das Jetzt richtest.

Werde dir einfach

des Augenblicks intensiv bewusst.

Du wirst dich der Wahrheit darüber,
wer du bist, eher über das Fühlen nähern
als über das Denken.

Das Annehmen dessen, was *ist*,
befreit dich sofort aus der mentalen Identifikation
und verbindet dich wieder mit dem Sein.
Widerstand *ist* der Verstand.

Wenn du bewusst wärest, also völlig präsent im Jetzt,
dann würde sich alle Negativität fast sofort auflösen.
Sie kann in deiner Gegenwart nicht überleben.

Gegenwartsbewusstheit erschafft eine Lücke,
nicht nur im Strom der Gedanken,
sondern auch im Kontinuum
von Vergangenheit und Zukunft.
Außer durch diese Lücke, diesen klaren Raum
unendlicher Möglichkeiten, kann nichts wirklich Neues
und Kreatives in diese Welt kommen.

Wenn du deinen Verstand gebrauchen musst,
besonders dann, wenn eine kreative Lösung gefragt ist,
dann schwanke alle paar Minuten
zwischen Gedanken und Stille,
zwischen Verstand und Nicht-Verstand
hin und her.

Machst du dir Sorgen?
Denkst du oft: „Was wäre, wenn …?"
Dann drängt sich dein Verstand vor,
projiziert sich in eine Zukunftssituation und erzeugt Angst.
Es gibt keinen Weg, mit einer solchen Situation umzugehen,
weil sie nicht existiert. Sie ist nur ein Hirngespinst.
Wie hört man auf, Zeit zu erschaffen?
Erkenne zutiefst, dass dein ganzes Leben
sich im gegenwärtigen Augenblick abspielt.
Stelle das Jetzt ins Zentrum deines Lebens.

Während du vorher in der Zeit gelebt
und dem Jetzt nur kurze Besuche abgestattet hast,
verbleibe von nun an im Jetzt
und statte der Vergangenheit
und der Zukunft kurze Besuche ab,
falls nötig, um mit den praktischen Aspekten
deiner Lebenssituation umzugehen.

Zerbrich das alte Muster,
mit dem du den gegenwärtigen Moment
verleugnest und ihm Widerstand leistest.
Mache es dir zur Gewohnheit,
deine Aufmerksamkeit von Vergangenheit
und Zukunft abzukoppeln,
wann immer diese nicht benötigt werden.
Trete im alltäglichen Leben so oft wie möglich
aus der Zeitdimension heraus.

Vergiss deine Lebenssituation
und *beachte dein Leben.*
Deine Lebenssituation existiert in der Zeit.
Dein Leben ist jetzt.
Deine Lebenssituation ist eine Einbildung des Verstandes.
Dein Leben ist wirklich.

Sorge dich nicht um die Früchte deiner Handlungen –
beachte einfach die Handlung selbst.
Die Früchte werden von alleine kommen.
Das ist eine kraftvolle spirituelle Übung.

Pass auf, ob du dich dabei erwischst,
wie du in Worten oder in Gedanken klagst
über deine gegenwärtige Lage,
über das, was andere Leute tun oder sagen,
über deine Umgebung, deine Lebenssituation,
sogar über das Wetter.
Beklagen ist immer Nichtannehmen
dessen, was *ist*.

Gibt es da etwas,

das du tun „solltest“, aber nicht tust?

Steh auf und tue es jetzt.

Oder akzeptiere dein Nichthandeln,

deine Faulheit oder Passivität in diesem Moment total,

wenn das deine Wahl ist.

Frage dich, welches „Problem"
du jetzt in diesem Moment hast,
nicht nächstes Jahr, morgen oder in fünf Minuten.
Was stimmt nicht mit *diesem Moment*?

Du kannst immer mit dem Jetzt zurechtkommen,
doch nie mit der Zukunft –
und das musst du auch nicht.
Die Antwort, die Kraft, die richtige Handlung
oder die Mittel werden da sein, wenn du sie brauchst,
nicht früher und nicht später.

Wenn eine Situation eine Antwort verlangt,
fokussiere dich nach innen und fühle den inneren Körper.
Sobald du Bewusstsein vom Verstand abziehst,
wirst du sofort still und gegenwärtig werden,
und die Antwort oder die Handlung wird
von dieser tieferen Ebene aufsteigen.

Mache es dir zur Gewohnheit,
dich selbst zu fragen:
Was geht in diesem Moment in mir vor?
Diese Frage wird dir die richtige Richtung zeigen.
Analysiere nicht, beobachte einfach.
Richte deine Aufmerksamkeit nach innen.
Fühle die Energie der Emotion.
Wenn keine Emotion da ist,
dann richte deine Aufmerksamkeit noch tiefer
auf das innere Energiefeld deines Körpers.
Es ist das Tor zum Sein.

Wann immer du
zu Hause oder bei der Arbeit
Treppen hinauf- oder hinuntergehst,
achte genau auf jeden Schritt, jede Bewegung,
auch auf deinen Atem.
Sei ganz gegenwärtig.

Wenn du in dein Auto steigst,
halte einen Moment lang inne,
nachdem du die Türe geschlossen hast,
und beobachte deinen Atemfluss.
Werde dir eines stillen,
aber kraftvollen Gefühls
von Gegenwärtigkeit bewusst.

Beobachte den Rhythmus deines Atems;
fühle die Luft ein- und ausströmen,
fühle die Lebensenergie in deinem Körper.
Erlaube allem zu sein, innen und außen.
Erlaube das „So-Sein" aller Dinge.
Bewege dich tief ins Jetzt hinein.

Mache ein kleines Experiment.

Schließe die Augen und sage zu dir:

„Jetzt bin ich gespannt,

was mein nächster Gedanke sein wird."

Sei dann ganz wachsam

und warte auf den nächsten Gedanken.

Sei wie die Katze vor dem Mauseloch.

Welcher Gedanke wird aus dem Mauseloch kommen?

Versuche es jetzt.

Stille ist ein kraftvoller Träger
von Gegenwartsbewusstsein.
Wenn du also dies hier liest,
sei dir der Stille zwischen
oder hinter den Worten bewusst.
Sei dir auch der Lücken bewusst.
Auf die Stille zu hören, wo immer du bist,
ist ein leichter und direkter Weg,
um in die Gegenwärtigkeit zu kommen.

Ein sehr wirksamer Weg
zur Bewusstwerdung des Seins ist es,
einfach den Fokus deiner Aufmerksamkeit
vom Denken weg und in den Körper zu richten.
Hier kann das Sein als unsichtbares Energiefeld
wahrgenommen werden, das dem,
was du als physischen Körper erfährst,
sein Leben gibt.

Behalte etwas von deiner Aufmerksamkeit in dir.
Lass nicht alles nach draußen dringen.
Fühle deinen gesamten Körper von innen
und als ein einziges Energiefeld.
Es ist fast so, als würdest du
mit deinem ganzen Körper zuhören oder lesen.
Lasse dir das in den kommenden Tagen und Wochen
zur Gewohnheit werden.

Während du mit deinem Leben befasst bist,
widme nicht deine ganze Aufmerksamkeit
der äußeren Welt und deinem Verstand.
Behalte einen Teil im Innern.
Fühle den inneren Körper auch,
wenn du alltägliche Dinge tust,
besonders wenn du in Beziehungen steckst
oder mit der Natur in Kontakt bist.
Fühle die Stille in deinem Innersten.
Halte das Portal geöffnet.

Werde dir selbst während eines Gesprächs
der Lücken zwischen den Wörtern bewusst,
der kurzen, stillen Zwischenräume zwischen den Sätzen.
Dabei wird die Dimension von Stille in dir wachsen.

Eckhart Tolle gehört keiner speziellen Religion oder Tradition an. Die einfache aber tiefgreifende Botschaft seiner Lehre vermittelt er mit der zeitlosen und schlichten Klarheit aller wahren spirituellen Meister: es gibt einen Weg heraus aus dem Leiden, der direkt in den Frieden führt.

Seit Erscheinen seines ersten englischen Buches 1997 (*Power of Now*) ist Eckhart Tolles Bekanntheitsgrad als spiritueller Lehrer weltweit konstant gewachsen. Inzwischen sind seine Bücher in 35 Sprachen übersetzt und besitzen überall Bestsellerstatus.

Seit 1996 lebt er in Vancouver, Kanada.

Weitere Informationen zu Eckhart Tolle und seinen Workshops, Retreats, Seminaren und englischen CDs, DVDs sowie Eckhart Tolle TV finden Sie unter: **www.eckharttolle.com**

Infos zu Veranstaltungen in Deutschland, Netzwerken sowie weiteren Produkten von Eckhart Tolle finden Sie unter: **www.eckharttolle.de**

IMPRESSUM

Mit Sätzen aus:
Originaltitel: The Power of Now Affirmation Cards © Eckhart Tolle
Originalausgabe: New World Library, CA 2002
Deutsche Ausgabe: JETZT! Die Kraft der Gegenwart, 52 Inspirationskarten

Eckhart Tolle: JA zum gegenwärtigen Augenblick
Projektmanagement: Marianne Nentwig

info@j-kamphausen.de
www.weltinnenraum.de

Fotos: Elenamiv / Shutterstock; Illustrationen: Lavandaart / Shutterstock
Gestaltung: Kurt Liebig
Druck & Verarbeitung: Westermann Druck Zwickau GmbH

ISBN 978-3-95883-008-0

1. Auflage 2015

Bibliografische Information der Deutschen Nationalbibliothek:

Die Deutsche Nationalbibliothek verzeichnet diese Publikation in der Deutschen Nationalbibliografie; detaillierte bibliografische Daten sind im Internet über http://dnb.d-nb.de abrufbar

Dieses Buch wurde auf Recyclingbilderdruckpapier gedruckt und ist alterungsbeständig.
Weitere Informationen hierzu finden Sie unter www.weltinnenraum.de